BEI GRIN MACHT SICH IHR WISSEN BEZAHLT

AF139103

- Wir veröffentlichen Ihre Hausarbeit,
  Bachelor- und Masterarbeit

- Ihr eigenes eBook und Buch -
  weltweit in allen wichtigen Shops

- Verdienen Sie an jedem Verkauf

Jetzt bei www.GRIN.com hochladen und kostenlos publizieren

Bibliografische Information der Deutschen Nationalbibliothek:

Die Deutsche Bibliothek verzeichnet diese Publikation in der Deutschen National-bibliografie; detaillierte bibliografische Daten sind im Internet über http://dnb.d-nb.de/ abrufbar.

Dieses Werk sowie alle darin enthaltenen einzelnen Beiträge und Abbildungen sind urheberrechtlich geschützt. Jede Verwertung, die nicht ausdrücklich vom Urheberrechtsschutz zugelassen ist, bedarf der vorherigen Zustimmung des Verla-ges. Das gilt insbesondere für Vervielfältigungen, Bearbeitungen, Übersetzungen, Mikroverfilmungen, Auswertungen durch Datenbanken und für die Einspeicherung und Verarbeitung in elektronische Systeme. Alle Rechte, auch die des auszugsweisen Nachdrucks, der fotomechanischen Wiedergabe (einschließlich Mikrokopie) sowie der Auswertung durch Datenbanken oder ähnliche Einrichtungen, vorbehalten.

Impressum:

Copyright © 2019 GRIN Verlag
Druck und Bindung: Books on Demand GmbH, Norderstedt Germany
ISBN: 9783668970441

Anonym

Jane Addams die ungewünschte Professionalisierung der sozialen Arbeit

GRIN Verlag

GRIN - Your knowledge has value

Der GRIN Verlag publiziert seit 1998 wissenschaftliche Arbeiten von Studenten, Hochschullehrern und anderen Akademikern als eBook und gedrucktes Buch. Die Verlagswebsite www.grin.com ist die ideale Plattform zur Veröffentlichung von Hausarbeiten, Abschlussarbeiten, wissenschaftlichen Aufsätzen, Dissertationen und Fachbüchern.

Besuchen Sie uns im Internet:

http://www.grin.com/

http://www.facebook.com/grincom

http://www.twitter.com/grin_com

Inhaltsverzeichnis

1. Einführung

Vor dem Hintergrund, ein Semester lang einige wichtige Persönlichkeiten der sozialen Arbeit sowohl in einer Vorlesung, als auch in dem dazugehörigen Seminar kennen gelernt zu haben, erwies sich die Recherche nach einem geeigneten Thema, das mit einer Persönlichkeit in Verbindung stehen sollte, nicht nur als interessant, sondern auch als eingeschränkt. Dennoch ergab sich nach einiger Zeit unter dem Stichwort der „Gemeinwesenarbeit" zunächst ein für den Autor interessanter Bereich der sozialen Arbeit. Bei der geschichtlichen Untersuchung über die Entstehung ebendieser Arbeit stellte sich die Settlement-Bewegung als ein wesentlicher und prägender Teil heraus. Zudem stieß der Autor zuvor auf den sozial engagierten Saul D. Alinsky, der vor allem durch „Community Organizing" die Lebensumstände der Arbeiter*innen in Chicago auf eine radikale Art und Weise verbessern wollte. Dieses Engagement findet sich auch bei der Begründerin des Chicagoer Settlements „Hull House" und Sozialreformistin Jane Addams wieder. Fasziniert wurde der Autor im wesentlichen durch ihren gewaltlosen, aber kämpferischen Charakter, der es ihr als Frau ermöglichte einer der bekanntesten Verfechter*innen gänzlich jeder progressiven Reform zu werden und gleichzeitig als Sozialarbeiterin und Sozialpädagogin tätig zu sein. Diese interessante Kombination zeichnete die damalige amerikanische Settlement-Bewegung aus und bildet damit den Kern der Untersuchung dieser Arbeit.

Obwohl es dem Autor ein für ihn perfektes und interessantes Thema zu sein schien, hegte er lange Zweifel an der Verwirklichung, da es wenig deutsche, wissenschaftliche Literatur gibt, die sich mit der Settlement-Bewegung unter spezifischem Einfluss Addams´ beschäftigt. Schlussendlich konnten nach längerer Zeit einige deutsche Autor*innen ausfindig gemacht werden, die den endgültigen Entschluss für dieses Thema unterstützten. Aus diesem Vorbehalt stellte sich primär die Frage, ob ihr Bestreben einen Humanitarismus in der Gesellschaft zu unterbreiten, keinen wesentlichen Einfluss auf die heutige Zeit bewirken konnte.

Der erste Teil dieser Arbeit widmet sich den biographischen und historischen Kontext, da sie das nötige Potential für die progressiven Impulse lieferten. Zu Beginn wird ein kurzer chronologischer Abriss des Lebens und Wirkens Addams dazu dienen, in die Thematik einzusteigen. Darauf aufbauen werden die historischen Hintergründe, indem sie durch eine konkrete Analyse der vorauseilenden, britischen Settlement-Bewegung, der gesellschaftlichen Gegebenheiten in Chicago im 19. Jahrhundert und der „Progressive Era", die nötigen Grundlagen komplettieren.

Im letzten Teil werden die daraus folgenden Reaktionen seitens der Chicagoer Settlement-Bewegung den Kern der Arbeit bilden. Das durch Addams gegründete Hull-House-Projekt wird dabei sowohl auf seine Anfangszeit, auf seine Konzeption und Zielsetzung, als auch auf seine Entwicklung nach Addams Tod untersucht. Abschließend soll in diesem Bezug die Entstehung einer professionalisierten Gemeinwesenarbeit herausgearbeitet und ein kritisches Resümee zur voranstehenden Frage geäußert werden.

2. Kurzbiografie

Die folgende Arbeit beschäftigt sich mit dem Lebenswerk von Jane Addams, daher erscheint es dem Autor zu Beginn wesentlich, einen chronologischen Abriss in Form einer Kurzbiographie zu vermitteln, um ihre Persönlichkeit und ihr späteres Wirken in Relation setzen zu können. Diese Lebens - und Arbeitseindrücke Addams´ bieten die Möglichkeit in das Thema einzuführen und beschränken sich auf die Zeit bis 1888, weil lediglich ihr Wirken als Sozialarbeiterin, Sozialpädagogin und Reformpolitikerin für diese Arbeit in folgenden Kapiteln relevant sein werden. Spätere Arbeiten Addams´ waren nicht weniger wichtig, jedoch konzentrierten sie sich auf ihren politischen Pazifismus und treffen damit nicht den Kern der vorliegenden Arbeit (vgl. Staub-Bernasconi 2016: 406f.).

2.1 Von der Kindheit bis zum jungen Erwachsenenalter

Jane Addams wurde 1860 als achtes Kind in der amerikanischen Kleinstadt Cedarville, welche sich in der Nähe von Chicago im Bundesstaat Illinois befindet, geboren. Ihre Mutter starb als sie drei Jahre alt war. Ihr Vater war gelernter Müller und erarbeitete sich schon vor Janes Geburt einen finanziellen Wohlstand. Als Vorbild der kleinen Jane beeinflusste John Addams seine Tochter durch die Übertragung von charakteristischen Eigenschaften, die sich vor allem durch seine Standfestigkeit, seinen ausgeprägten Gerechtigkeitssinn, seine Liebe zu Büchern und sein Geschäftssinn auszeichneten(vgl. Eberhart 1995: 13f.). Die in Wohlstand aufgewachsene Jane lernte nach eigener Aussage, mit ca. sechs Jahren, zum ersten Mal die Armut kennen und stellte fest, dass „when i grew up i should, of course, have a large house, but it would not be built among the other large houses, but right in the midst of horrid little houses" (Addams 1910: 4f.). 1868 heiratete John Addams Anna Haldeman, die damit Janes Stiefmutter wurde und dennoch nie ein inniges Verhältnis zu ihr aufbauen konnte. Zu gegensätzlich waren die Interessen der gesellschaftlich angepassten Anna und der sozialpolitisch engagierten Jane, als das sie sich auf eine tiefgehende Bindung zueinander einlassen konnten (vgl. Eberhart 1995: 14f.).

Jane gehörte zu einer der ersten Generation amerikanischer Frauen die studieren durften, dennoch durfte sie sich wegen des Vaters Willens nicht für die berühmte Fauencolleges an der US-Ostküste entscheiden und sie musste sich stattdessen an der Rockford Seminary immatrikulieren, an der ihr Vater Vorstand war. Während ihres Bachelor Studiums lies sich Addams von Sozialkritikern, wie Thomas Carlyle und John Ruskin inspirieren und lernte ihre engste Freundin und spätere Mitbegründerin des Hull House, Ellen Gates Starr kennen. Nachdem Addams ihren Bachelor erfolgreich abgeschlossen hat, machte sie es sich zum Ziel ein Medizinstudium zu absolvieren. Als ihr Vater 1881 verstarb schrieb sie an Ellen Starr: „der größte Kummer, der mir je wiederfahren konnte, ist geschehen" (Linn 1935: 66 z.n. Eberhart 1995: 16). Aufgrund mangelnden Interesses und gesundheitlicher Beschwerden beschloss sie ihr Medizinstudium abzubrechen und zu ihrer Schwester Alice zu gehen (vgl. Eberhart 1995: 15f.).

Später sammelte Addams Geld für das Rockford College und wurde Mitglied des Kuratoriums. Zu dieser Zeit litt sie an Depressionen und entschloss sich daher mit ihrer Stiefmutter für 27 Monate nach Europa zu reisen. Neben der Ausweitung ihrer sprachlichen Kompetenzen auf Deutsch, Italienisch und Französisch, hielt sie einige Erlebnisse in ihrem Tagebuch fest, die sie später in ihrer Autobiographie als wegweisend für die Gründung von Hull House darstellte (vgl. Eberhart 1995: 16-18).

2.2 Der Weg zur Identitätsfindung als Sozialarbeiterin

Trotz ihrer Reise nach Europa blieb ihr unzufriedener mit Depression erfüllter Zustand zunächst unverändert. Sie befand sich in einer Selbstbestimmungskrise, in der sie ihre Haltung zur Religion hinterfragte und sich zwischen Karriere oder Ehe entscheiden musste. Über Letzteres wurde sie sich schon in Rockford bewusst, da sie erstens kein gesondertes Interesse an einer Liebesbeziehung mit einem Mann verspürte und zweitens ihre Bildung nicht vergeuden wollte. Als schwieriger erwies es sich für Addams laut ihrer Tagebücher und Briefe an Starr eine Religiosität, die mit ihrem Intellekt kompatibel ist und eine Tätigkeit, die ihrem Leben einen

Sinn geben könnte, zu finden. Am Tiefpunkt ihres unglücklichen Zustandes angekommen, erhoffte sie sich durch eine Mitgliedschaft bei der Presbyterianischen Kirche seelischen Frieden, den sie aber nicht bekam. Addams reiste erneut nach Europa und traf sich mit ihren Freundinnen bei einem Stierkampf in Madrid, der für sie zu einem erkenntnisreichen Erlebnis werden sollte (vgl. Eberhart 1995:18-21). Nicht nur weil sie mit Entsetzen feststellen musste, das dort Stiere und Pferde für Unterhaltungszwecke getötet wurden, sondern vor allem wurde ihr plötzlich klar, dass sie ihren „Traumplan" vor sich herschob, indem sie sich einbildete, dass ihr Studium und das lange Reisen „die Vorbereitung für die großen Dinge" wären (Addams 1910: 72-73 z.n. Eberhart 1995: 21). Dieser gedankliche Impuls führte Addams laut ihrer Autobiographie dazu, einen zielstrebigen Entschluss zu fassen und sich damit aus dem Zustand jahrelanger Depression zu befreien. Sie sprach mit Ellen Star über das settlement Haus „Toynbee Hall" und ging nach anschließender Übereinkunft mit ihrer besten Freundin im Mai 1888 nach London, um die philanthropische Aktivitäten in den Londoner Elendsvierteln zu untersuchen. Neben dem „People's Palace", den „University Extension Lectures" und dem „Workingman's College" beeindruckte sie vor allem die „Toynbee Hall", die sie unmittelbar nach ihrer Besichtigung dazu inspirierten ihren „Traumplan" durch die Entwicklung eines eigenen Settlement-Projektes zu verwirklichen (vgl. Eberhart 1995: 21 f.).

Ein genaues Ziel hatte sich Addams zusammen mit ihrer besten Freundin gesetzt, was nun noch fehlte, war ein präziser Plan der Umsetzung. Sie war zu dieser Zeit noch längst keine Sozialarbeiterin oder Reformpolitikerin, allerdings hatte sie bereits eine Identifikation für sich gefunden, die sich am sozialen Bereich orientiert und die ihr geholfen hat ihren passiven Lebenszustand zu beenden. Die bisher dargestellten Lebensereignisse sollten vorerst reichen, um im Zusammenhang mit den folgenden Kapiteln, die sich auf den historischen Kontext beziehen, einen Eindruck für die Hintergründe zu bekommen. Diese Geschehnisse sorgten nicht nur für die einflussreiche Umsetzung des Hull House, sondern waren darüber hinaus wegbereitend für die Entstehung der Gemeinwesenarbeit.

3. Historischer Kontext

Das folgende Kapitel bezieht sich lediglich auf die historischen Ereignisse, um ein gesamtheitliches Verständnis entwickeln zu können, wie die damaligen Gegebenheiten den geeigneten Nährboden für die sozialreformistische Arbeit generell lieferten und woraus unter anderem auch eines der praktisch umgesetzten Lebenswerke von Jane Addams resultierte, welches weiterführend genauer untersucht wird und damit die Relevanz im Bezug auf die heutige Gemeinwesenarbeit wiederspiegelt. Der Ursprung der „Settlement Bewegung" in England, von der sich Addams inspirieren lies, stellt einer dieser Gegebenheiten dar und wird daher zunächst genauer betrachtet (vgl. Götze 2005: o.A.). Die Folgen der Industrialisierung beziehen sich jedoch nicht nur auf England, sondern betreffen zunehmend andere Industrieländer der westlichen Welt und insbesondere die united States of America. Das Lebenswerk Addams fiel dementsprechend in eine Zeit, in der die Lebensumstände in Chicago durch „eine staatlich kaum regulierte Urbanisierung und Industrialisierung" geprägt wurden (Pinhard 2009:62). Das genaue Ausmaß der sich daraus ergebenden Folgen auf die Gesellschaftsstruktur, wird im weiteren Verlauf analysiert. Nicht zuletzt war es eine ideologische Strömung, die das Wirken Addams wesentlich beeinflusste. Abschließend soll demnach der Progressivismus, welcher sich vor allem durch den Präsidenten Theodore Roosevelt etablierte, auf seine unterstützende Rolle bezüglich der sozialen Arbeit geprüft werden (vgl. Braches-Chyrek 2013: 133).

3.1 Gründung der „Settlement-Bewegung" in England

In England begann die Industrialisierung, in der zunächst durch die Entwicklung neuer technischer Innovationen ein Übergang von der Heimarbeit zur Fabrikarbeit stattfand. Auf diese Weise konnte nicht nur ein enormer Bedarf an Gütern gedeckt werden, sondern es entstand auch ein enormer Bedarf an Arbeitskräften, eine völlige Umstrukturierung der Wirtschaft und eine zunehmende Urbanisierung. Der Übergang zu einem Industriestaat beinhaltete dementsprechend neben dem steigenden Wirtschaftswachstum auch Prozesse, die zur Verelendung der Arbeiterschafft führten und damit die Suche nach der Antwort auf die „soziale Frage" zur Aufgabe einiger sensibler Wissenschaftler, wie beispielsweise John F.D. Maurice oder John Ruskin machte. Daraus entstandene Ergebnisse richteten sich gegen die Ignoranz und Gefühlslosigkeit der oberen Stände und forderten gleichzeitig dazu auf, der in Elend lebenden Arbeiterschaft entsprechende Hilfe zu entgegnen (vgl. Götze 2005: o.A.).

Diese Wissenschaftler machten zwar auf ein bestehendes Problem aufmerksam, dennoch legten sie damit nur eine theoretische Grundlage, die studentische Initiative dazu veranlasste sich zu strukturieren und zu organisieren, um durch die Entwicklung von praktischen Handlungsstrategien, der klassenunterteilten Armut entgegenzuwirken. Aus diesem Hintergrund heraus organisierten die Universitäten Cambridge und Oxford 1867 öffentliche Veranstaltungen auch außerhalb des Universitätsgeländes und es entstand zunächst das „University Extension Movement". Die theoretischen Ansätze einer gerechteren Welt wurden zunehmend praktisch verwirklicht, trotzdem kam es zu keiner Institutionalisierung in diesem Bereich. Arnold Toynbee machte sich dies zum Ziel und berichtete vor seinem Tod unter anderem Samuel Barnett von seinen Plänen. Weitführend kam es durch das Wirken Barnetts und seiner Ehefrau zur Gründung der „Toynbee Hall" und damit zur weltweit ersten Institutionalisierung der damaligen Gemeinwesenarbeit, auf die Toynbee hinarbeitete und die den Beginn einer globalen Ausweitung der sogenannten „Settlement-Bewegung" einleitete (vgl. Götze 2005: o.A.).

Picht beschreibt ein Settlement als „eine Niederlassung Gebildeter in einer armen Nachbarschaft, die den doppelten Zweck verfolgen, die dortigen Lebensverhältnisse aus eigener Anschauung kennen zu lernen und zu helfen, wo Hilfe Not tut" (Picht 1913: 1). Die dabei zugrunde liegende Annahme geht davon aus, dass es nur durch eine Änderung der Mittelschicht zu einer Verbesserung der Lebensumstände von hilfsbedürftigen Menschen kommen kann. Praktisch konzipieren sich demnach „Settlementprojekte", indem „Settler" die Nachbarn der Armen werden und in diesem Zuge bestehende Klassengegensätze überbrücken, durch den internen Austausch von Sympathie, Freundschaft und Bildung in einer gemeinnützigen Nachbarschaft (vgl. Robert Götze 2005: o. A.)

Die Professionalisierung bestand vor allem darin, den Menschen Wege aufzuzeigen wie sie sich selbst helfen können. Um dieses Ziel umzusetzen, bedurfte es an Kinder und Jugendarbeit, Rechtsberatung, Erwachsenenbildung und kulturelles Engagement. Des Weiteren bildete sich eine Forschungsarbeit heraus, die zur Identifizierung von Problemlagen dienen sollte, dennoch wurde festgestellt, dass es nur durch die Beeinflussung der Sozialpolitik zu langfristigen Veränderungen kommen kann. Daher wurden meist Studenten als Settlement Arbeiter auserwählt, da sie erstens die zukünftigen Entscheidungs- und Verantwortungsträger darstellten und zweitens aus der Mittel- oder Oberklasse kamen (vgl. Robert Götze 2005: o.A.).

Zwar bildete die Einrichtung der Tyonbee Hall durch Samuel und Henrietta Barnett den Ursprung der Settlement-Bewegung und veranlasste Addams unmittelbar nach ihrer Reise in England ihre Eindrücke dieser Bewegung in einem Brief an ihre Schwester enthusiastisch zu beurteilen, dennoch erwecken spätere Publikationen Addams den Anschein, dass sie sich von der Annahme eines bestehenden Einflusses der britischen Settlement-Bewegung auf die Gründung von Hull House distanziert (vgl. Pinhard 2009: 42 f.). Hinweisend darauf verdeutlicht sie laut Pinhard auch in ihrem Essay „Outgrowths of Toynbee Hall", dass sie den „Modellcharakter der Londoner Einrichtung" und „die ideologische, wie auch teilweise persönliche Verbundenheit mit deren führenden TheoretikerInnen" wertschätzt, allerdings „anmerkt, das sich der amerikanische und der britische Kontext wesentlich voneinander unterscheiden" (Addams 1891: 11 z.n. Pinhard 2009: 43). Charakteristisch für die von Bernett geprägte britische Settlement-Bewegung ist vor allem der Fokus auf den Abbau der geistigen Armut und in diesem Zuge auf das Individuum. Das „reiche" Studenten den „armen" Arbeitern helfen sollen die Klassenunterschiede und die damit einhergehende ökonomische Ungleichheit zu überwinden wirkt für Pinhard wie das „viktorianische Verständnis von Armut als moralisches und persönliches Problem [...], das die sozialen und gesellschaftlichen Probleme als zweitrangig betrachtet" (Pinhard 2009: 45). Diese Individuum-fokussierte Auffassung bildet den wesentlichen Unterschied zu der Perspektive von Jane Addams, nach der sich Reformen primär auf das soziale Umfeld und die gesellschaftlichen Bedingungen konzentrieren sollten (vgl. Pinhard 2009: 46).

Wie auch anfangs schon erläutert, weitete sich die Emanzipation der Settlement-Arbeit auch in Chicago, New York, Boston und anderen großen Städten der vereinigten Staaten aus, was sich unter anderem durch die 400 Niederlassungen bis 1911 kennzeichnet (vgl. Götze 2005: o.A.; Pinhard 2009: 46). Weshalb sich die Settlement–Arbeit vor allem in den USA derartig durchsetzen konnte, soll im Folgenden durch die Erörterung der geschichtlichen Ereignisse verdeutlicht werden.

3.2 Gesellschaftliche Situation in Chicago ab dem 19. Jahrhundert

Zu Beginn des 19. Jahrhunderts war es in Chicago, wie in vielen Städten des Nordamerikanischen Kontinents. Die Indigenen Stämme verteidigten ihr Gebiet gegen weiße Eindringlinge, die großes Interesse hegten, den dortigen Sumpf als eine Wasserverbindung zwischen dem Michigan-See und dem Desplaines-Fluß zu nutzen, um über diesen eine Verbindung zu den Flüssen Illinois und Mississippi herzustellen. Nachdem 1803 das Lousiana-Territorium von Frankreich gekauft wurde, konnte Thomas Jefferson den Bau des Fort Dearborn anordnen, der eine Verbindung zwischen dem Chicago Fluss und dem Michigan-See herstellen sollte. Die Franzosen besiedelten zunehmend Chicago und lebten zusammen mit Indianerstämmen, wie den Shawnee und den Pottawatomies in einem unsicheren Friedenszustand. Fort Dearborn wurde während des Krieges zwischen Frankreich und Großbritannien von den Pottawatomies niedergebrannt. Nach dem Krieg sollte 1816 der Fort Dearborn im Auftrag von Washington wiederaufgebaut werden, was allerdings vorerst nichts an der geringfügigen Bedeutung Chicagos änderte. Künftig wurden Indianer durch das Aufkaufen von Länderrein zunehmend vertrieben, bis 1833 die vereinten Nationen der Chippewas, Ottawas und Pottawatomies gezwungen wurden, auf ihr gesamtes Landeigentum in Illinois zu verzichten. Daraufhin stieg langsam das wirtschaftliche Potential des Ortes für die Bevölkerung. 1837 zählte der Ort mit 4000 Einwohnern schon doppelt so viel wie 1833 und erlangte somit Stadtrechte. Etwa elf Jahre später machte die Eröffnung des Kanals, der die großen Seen mit dem Mississippi River verbinden sollte, Chicago zum Handelspunkt für Agrarprodukte im mittleren Westen und lies das Bevölkerungswachstum exponentiell steigen (vgl. Eberhart 1995: 53f.).

Neben den Problemlagen, die sich durch Auseinandersetzungen mit den Ureinwohnern oder dem Bürgerkrieg in den gesamten vereinigten Staaten auftaten, wurden Städte wie Chicago zunehmend geprägt von Urbanisierungsprozessen, die mit der Einwanderung und nicht zuletzt mit dem industriellen Wachstum einhergingen. Vor allem aus Letzterem resultierte das enorm ansteigende Bevölkerungswachstum der späteren Fabrikstadt Chicago, da sich durch die Entwicklung und Entstehung von Produktionsstädten viele Menschen Arbeit erhofften (vgl. Landhäußer 2005: 100). Chicago wurde während des Bürgerkrieges zum Zentrum der Lebensmittel verarbeitenden Industrien, wodurch sich der Übergang vom kleinen Dorf hin zu einer Industriestadt komplettierte und gesellschaftliche Verhältnisse verursachte, die Addams später dazu bewegten, ihr Lebenswerk in der selbigen Stadt zu etablieren (vgl. Pinhard 2009: 62; Eberhart 1995: 58).

Konkretisiert betrachtet verhielt es sich mit dem Bevölkerungswachstum in Chicago so, dass es sich alle zehn Jahre verdoppelte, dementsprechend wurden aus 30 000 Einwohnern im Jahr 1850 mehr als eine Million im Jahr 1890, davon waren 750 000 Ausländer mit ihren dort geborenen Kindern. Dieser immense Zuwachs von Immigranten sollte „den Charakter der Stadt prägen" (Eberhart 1995: 58). Die Immigranten kamen Mitte des 19. Jahrhunderts primär aus Irland, Deutschland und Skandinavien, gegen Ende des Jahrhunderts vermehrt aus Ost und Südosteuropa. Die daraus resultierenden Lebensverhältnisse spiegelten sich in der Gegenüberstellung von Reichtum und bitterer Armut wieder, was unter anderem zu gewalttätigen Auseinandersetzungen zwischen den „Ausgebeuteten" und den „Herrschenden" führte. Nach Helen Lefkowitz Horowitz wollten wohlhabende Chicagoer Bürger*innen jedem und jeder Bürger*in Chicagoes kulturelle Bildung durch die offene Zugänglichkeit von kulturellen Einrichtungen ermöglichen. Eberhard stellt dies als „selbst auferlegte Pflicht einer elitären Gruppe" dar, durch die „ihre vermeintlich höherstehende Kultur" den Neuankömmlingen präsentiert werden soll und folglich dazu beitragen soll „Frieden und Ordnung in der Stadt zu erhalten" (Eberhart 1995: 59). So trügerisch die Motivation der privatfinanzierten Initiativen auch sein mochte, letztlich waren sie es, die Addams beim Aufbau des Hull-House finanziell unterstützten (Eberhart 1995:

59). Dennoch wird die Kluft in Chicago zwischen der beschriebenen anglo-amerikanischen, protestantischen Oberschicht und der Armut von Arbeiter*innen und Einwander*innen immer tiefer (vgl. Pinhard 2009: 62). Chicago wird laut Gräßer durch ebendiese Oberschicht wirtschaftlich vorangetrieben, wodurch Steuerungsmechanismen hauptsächlich von den Einzelinteressen der privaten Investoren abhängig sind und in diesem Zuge kaum staatlich reguliert werden (vgl. Gräser 2001:4 z.n. Pinhard 2009: 62). Für die arbeitende Bevölkerung stellte das enorme wirtschaftliche Wachstum demzufolge keine Verbesserung ihrer Lebensumstände dar, viel eher sorgte das steigende Bevölkerungswachstum durch den Zuwachs an Immigrant*innen im Zusammenhang mit der Depression von 1873 für Arbeitslosigkeit (vgl. Eberhart: 59f.).

Die Verelendung, die sich beispielsweise in der Sterberate von 50 Prozent bei den in Slums lebenden Kindern unter fünf Jahren oder in der hohen Mordrate widerspiegelten, löste bei Neuankömmlingen, wie auch bei Addams und Weber, eine entsetzte Faszination aus (vgl. Eberhart 1995: 61). Max Weber veranlassten diese Eindrücke, Chicago als „Menschenwüste" zu bezeichnen, die „einem Menschen, dem die Haut abgezogen ist, und dessen Eingeweide man arbeiten sieht" gleicht (Weber 1989: 299 z. n. Pinhard 2009: 62). Für Jane Addams hingegen bot sich aus diesen trostlosen Gegebenheiten, die Möglichkeit etwas zu bewirken, wodurch sie sich beim Aufbau ihres Hull House für Chicago entschied (vgl. Pinhard 2009: 62).

3.3 „The Progressive Era"

Nicht zuletzt wurde Chicago und folglich auch Jane Addams` Wirken neben bisher genannten sozialen Einflüssen auch durch die Entstehungsgeschichte der Arbeiterbewegungen und den Gewerkschaften, wie beispielsweise durch die Gründung der „American federation of labour", sowie durch die „Progressive Ära" geprägt. Der Progressivismus definiert sich grundlegend durch den Glauben an den menschlichen Fortschritt. Zu seiner Zeit ermöglichte er eine diskrete Demokratie, die auf Volksentscheiden basierte und sowohl politische und gesellschaftliche Sichtweisen, als auch soziale und kulturelle Gegebenheiten veränderte (vgl. Braches-Chyrek 2013: 132f.). Außerdem bildete die „progressive Era" die Voraussetzungen für:

> „eine professionelle Soziale Arbeit [...], die kommunalpolitisch eingebunden war und die sowohl Reformen in der Stadt-Wohnbaupolitik, Bildungspolitik, Frauen und Kinderpolitik, Verbraucherschutzpolitik und Bildung wie auch die Unterstützung von Gewerkschaften einleitete" (Braches-Chyrek 2013: 133).

Bei einer genaueren Betrachtung einzelner Protagonist*innen des „Progressivism" zeigt sich, das die Reformkräfte beispielsweise aus Assoziationen, kleineren Gruppen auf bundesstaatlicher Ebene oder sozialen Bewegungen auf nationaler Ebene, wie auch aus Universitäten und Forschungsinstituten hervorgehen, zwischen denen sie, trotz unterschiedlicher Interessen, versuchten, sich zu vernetzen und zu Initiativen zusammenzuschließen. Zusammengefasst ergab diese Summe verschiedenster Strömungen das „Progressive Movement", welches sich insofern von einer zusammenhängenden, sozialen Bewegung unterschied. Generalisiert übertragen lässt sich jedoch, dass die Wissenschaft und die Professionalisierung neu interpretiert wurde, durch die Orientierung an der Evolutionstheorie und an den Naturwissenschaften (vgl. Pinhard 2009: 47f.).

Die ähnlichen Motive zwischen den einzelnen Akteur*innen innerhalb der progressiven Bewegung und der beständige Glaube an den Fortschritt richteten sich gegen, die durch Urbanisierung, Industrialisierung, Migration und technologischen Veränderungen zu Grunde liegenden Gegebenheiten, und ermöglichten auf diese Weise die Verbindung zu einer heterogenen Bewegung. Wie schon dargestellt wurde, waren die progressiven Reformer*innen auf verschiedenen politischen Ebenen aktiv, konkretisiert forderten sie unter anderem eine umfassende Gesundheitsfürsorge, Hygienestandards, Qualitäts- und Reinheitskontrollen für Wasser und Lebensmittel, menschenwürdige Wohn- und Lebensbedingungen, Müllentsorgung, Straßenreinigung, Krankenstationen, frei zugänglich bildende oder kulturelle Einrichtungen und die Entwicklung innovativer Konzepte einer rationalen, gerechten und ästhetischen Stadt- und Raumplanung. Außerdem und vor allem boten die vorherrschenden Arbeitsbedingungen in den Fabriken großes Reformpotential, was die progressive Bewegung mit den Arbeitervereinigungen und den Gewerkschaften zusammenführte, um sich für Arbeiterrechtsreform und Sozialgesetzgebung, für Höchstarbeitszeiten und Mindestlöhne, für Sicherheitsrichtlinien, für Unfall- und Arbeitsrenten, für den Schutz von Frauen und Jugendlichen und sich für die Abschaffung von Kinderarbeit einzusetzen. Des Weiteren stellte der Kampf gegen die vorherrschenden Geschlechterverhältnisse und den expliziten und impliziten Rassismus eine wichtige Herausforderung dar. Die schon angeführte Bildungspolitik der progressiven Bewegung setzte sich aus Reformen zusammen, die für eine allgemeine Schulpflicht, für einen koedukativen Unterricht und für eine herkunftsunabhängige Zulassung an Colleges und Universitäten für alle begabten Schüler*innen plädierten. Zudem verdeutlicht Pinhard, das der Progressivismus generell davon ausging, das eine wissenschaftliche Annäherung an soziale Probleme der erste Schritt zu ihrer Lösung sei. Daher war es in der Arbeitsweise der progressiven Reformer*innen von hoher Bedeutung eine symbiotische Verbindung zwischen Praktikern und Forschern herzustellen, sowie sie sich zwischen „Hull House" und „Chicago School of Sociology" wiederspiegelte. Auf diese Weise konnte die Professionalisierung der sozialen Arbeit eingeleitet werden (vgl. Pinhard 2009: 49-51).

Unter Vorbehalt dieser progressiven Bewegung konnte nicht nur das Frauenwahlrecht als Zusatz des 19. Amendment`s im Jahre 1920 verabschiedet werden, sondern es formierte sich auch die „Progressive Party", die sich unter dem populistisch agierenden Theodore Roosevelt etablierte (vgl. Pinhard 2009: 47; Braches-Chyrek 2013: 133; Eberhard 1995: 164). Trotz widersprüchlicher Interessen zwischen ihm und der Reformbewegung, wurde er durch seine Popularität und der damit einhergehenden Einräumung eines höheren Wahlerfolgs, akzeptiert (vgl. Eberhard 1995: 164). Die Bestrebungen, die sich durch die progressiven Reformer*innen auftaten, prägten die Ausrichtung der Handlungen Addams in der Entwicklung und Ausführung ihres Lebenswerkes unweigerlich und gingen mit den Zielen des Settlements konform. Wie es auch Addams selber formulierte bestanden diese vor allem darin,

> „[...] ein Zentrum für das höhere Gemeinde- und Gesellschaftsleben zur Verfügung zu stellen, pädagogische und philanthropische Unternehmungen einzurichten und zu unterhalten sowie die Zustände in den Industriegebieten Chicagos zu untersuchen und zu verbessern"
> (Addams 1910: 89 z.n. Eberhart 1995: 167).

Wie bereits schon verdeutlicht arbeiteten in der „progressive Era" Wissenschaftler*innen mit Pragmatist*innen, wie Jane Addams zusammen und konnten dadurch nicht nur die am Gemeinwesen orientierte Arbeit professionalisieren, sondern darüber hinaus auf gesellschaftlicher und politscher Ebene einen begriffenen Humanitarismus unterbreiten (vgl. Pinhard 2009: 51; Molly Chochran 2016: 746). Damit stellen Protagonist*innen des Progressivismus eine hohe Bedeutung, sowohl für die heutige soziale Arbeit, als auch für das damalige „Bewusstsein für die menschliche Wohlfahrt" und für die zunehmende Sensibilisierung im Bezug auf die gesellschaftlichen Missstände dar (Molly Chochran 2016: 746). Wie sich dieser durch einflussreiche Pragmatiker*innen umsetzte, soll weiterführend am Beispiel des Hull House erörtert werden.

4. Entwicklung einer am Gemeinwesen orientierten, sozialen Arbeit

Jene bisher erörterten Punkte bildeten den Kern, aus dem sich als Reaktion eine Gemeinschaftsarbeit, in Form des Settlement-Projektes Hull House in Chicago etablierte. Obwohl, wie auch im Kapitel 3.1 verdeutlicht, andere Settlement-Projekte dem Hull House vorrauseilten, zeichnete sich speziell dieses -insbesondere durch die Grundannahme, dass die

Abhängigkeit der Klassen eine Gegenseitige sei- (vgl. Chochran 2016: 748) aus und begründete damit die Anfänge einer stadtteilbezogenen Netzwerk- und Gemeinwesenarbeit, die ihren Einfluss als institutionalisierte Protestgemeinschaft auch auf politischer und wirtschaftlicher Ebene durchsetzen (vgl. Braches-Chyrek 2013: 143). Unter Vorbehalt dieser Gesichtspunkte wird die Arbeit im Hull House zunächst konkretisiert betrachtet. Anschließend werden sowohl die Weiterentwicklungen des Hull House, als auch der daraus resultierenden Gemeinwesenarbeit untersucht.

4.1 „Hull House"

Das in dieser Arbeit oftmals erwähnte, aber nie genauer erläuterte Hull House stellte ein Chicagoer Settlement-Projekt dar und beinhaltete zahlreiche Tätigkeitsbereiche. Zu Beginn bestanden diese primär aus Literatur- und Nähkursen, sowie aus einem Kindergarten und wurden später um „Collgege Extension"-Kurse in englischer Sprache, Literatur, Kunst, Natur- und Sozialwissenschaften. Außerdem entwickelte sich die Er- und Einrichtung von öffentlichen Bädern, einer Leihbücherei, selbstverwalteter Klubs für Jugendliche und für Erwachsene verschiedener Nationalitäten, sowie Treffpunkte für politische Initiativen und Gewerkschaften (vgl. Eberhart 1995: 4f.). Was die Protagonist*innen veranlasste dieses Projekt aufzubauen, wurde in vorherigen Kapiteln dargestellt, nun widmet sich der Autor der Konzeption und der bis heute gegebenen Relevanz des Hull House.

4.1.1 der Anfang von Hull House

Nachdem Jane Addams sich aus ihrer, zu Beginn beschriebenen Perspektivlosigkeit und Passivität heraus holen konnte, tauschte sie sich mit Ellen Gates Starr aus und überzeugte sie von ihrem zielstrebig verfolgtem Plan ein Settlement-Projekt aufzubauen, wie sie es in London auf ihrer Reise kennenlernen durfte (vgl. Kapitel 2). Demnach ergab sich definitiv ein unterstützender Impuls für Addams aus Barnetts romanistisch, humanistisch und anti-materialistisch orientierten Überlegungen, allerdings lassen sich deutliche Differenzen zwischen der britischen und der amerikanischen Settlement-Bewegung feststellen. Während die Settlement-Häuser in Großbritannien ausschließlich einer Kirche angeschlossen waren ,und von Studenten bewohnt wurden, deren Arbeit sich auf die Vermittlung von Bildung fokussierte, waren die amerikanischen Settlements (einschließlich Hull House) hingegen meist von der Kirche unabhängig und wurden hauptsächlich von Frauen betrieben die Teil der progressiven Reformbewegung waren, und auf eine Veränderung der gesellschaftlichen Gegebenheiten abzielten (vgl. Kapitel 3.1; Eberhart 1995: 63 f.). Dennoch entschied sich Addams erst nach

ihrer Reise, das dritte amerikanische Settlement im Chicagoer Stadtteil „West End"
aufzubauen. Der gewählte Standort befand sich in der „Halsted Street", welche sich mit 32
Meilen durch die ganze Stadt zog und „die sozialen und ökonomischen Unterschiede in ihrem
ganzen Spektrum widerspiegelt[e]" (Pinhard 2009: 63). Die funktionell ausgerichtete
Entscheidung für diesen Ort beschreibt Addams wie folgt: „This site for a Settlement was
selected in the first instance because of it´s diversity and the variety of activity for which it
presented an opportunity" (Addams 1892: 229 z.n. Pinhard 2009: 63). Diese Diversität
veranlasste Jane Addams und Ellen Gates Starr am 18.September 1889 versiert eine Villa in der
Halsted Street zu mieten, welche zuvor von der wohlhabenden Hull Familie bewohnt wurde
(vgl. Eberhart 1995: 62).

Innerhalb kürzester Zeit fanden sich bereits zwei freiwillige Helferinnen und die Nachbarn
besuchten die Hull House Bewohner*innen (vgl. Eberhart 1995: 64; Landhäußer 2009: 102).
Mit der freiwilligen Unterstützung konnte aus dem Wohnzimmer ein Kindergarten entstehen.
Später folgten die ersten Klubs für Mädchen, für Jungen und für Erwachsene, sowie
beispielsweise der „Sozialwissenschaftliche Klub für arbeitende Menschen". Sowie Diese,
etablierten sich auch die anderen schon genannten Tätigkeitsbereiche und Einrichtungen in den
darauf folgenden Jahren, sodass schon im Winter 1891 wöchentlich 38 verschiedene Kurse
angeboten und 13 Klubs fest eingeplant wurden (vgl. Eberhart 1995: 64f.).

4.1.2 Konzeption und Zielsetzung

Das 1889 von zwei Personen gegründete Hull House ging grundsätzlich aus den Überlegungen
hervor, etwas gegen die durch staatliche unregulierte Urbanisierung und Industrialisierung
hervorgerufen Missstände zu unternehmen. Die Entwicklung der Tätigkeitsbereiche richteten
sich sowohl nach den Bedürfnissen der Nachbarschaft, als auch nach den Neigungen der
Bewohner*innen. Dementsprechend bestand die Aufgabe des Settlements im Wesentlichen
darin, die Interessenvertretung zu organisieren (vgl. Landhäußer 2009: 104). Landhäußer
beschreibt die Zielsetzungen des Hull House auf zwei verschiedenen Ebenen und begreift das
Bildungsangebot als ein wichtiges Augenmerk:

> „Zum einen geht es um die Erforschung und Verbesserung der (materiellen)
> Lebensbedingungen im industriell geprägten Stadtteil. Zum anderen werden Erneuerungen
> im sozialen Zusammenleben anvisiert. Um Bildungsprozesse und philantrophische Ideen zu
> institutionalisieren, soll Hull House ein reichhaltiges bürgerschaftliches und soziales Leben
> repräsentieren" (Landhäußer 2009: 104).

Das anfängliche Bildungsangebot entsprach jedoch nicht Addams Vorstellungen einer guten Nachbarschaftsarbeit, daher entschied sie sich für die Einführung von Klubs, die durch einen informellen Rahmen und den damit einhergehenden sozialen Charakter den Lerneffekt erhöhen sollten. Über sozialpädagogische Aktivitäten hinaus ergaben sich auch Arbeitsfelder, die in den Bereich der Sozialarbeit zu verordnen sind. Dazu zählten beispielsweise die Verteilung von Almosen, der Kampf um hygienische Maßnahmen, das Jugendgericht und die Unterstützung von Immigranten. Addams distanzierte sich dabei von dem generell bürgerlichen Verständnis von Sozialarbeit und begriff diese viel mehr als gesamtheitliches Konstrukt, das sowohl die individuellen Lebensumstände, als auch den ökonomischen Hintergrund mit einbezieht (vgl. Eberhart 1995: 66).

Neben den Tätigkeitsbereichen, die einen bildenden Zweck erfüllten, war auch die Ausweitung der Sozialarbeit auf die politische Arbeit ein zentraler Punkt des Hull House, um die Lebensumstände der Nachbarschaft zu verbessern. Die zugrunde liegende Auffassung Addams besagt, dass nur eine Organisation genügend Druck aufbauen könne, um etwas gegen die Schattenseiten der Industrialisierung und in diesem Zuge gegen die wenigen, aber mächtigen Profiteure ebendieser zu unternehmen. Darüber hinaus war es den Frauen laut Landhäußer möglich, ihre Geschlechterrollen als positiven Nebeneffekt zu nutzen, der ihnen durch die Zuschreibung der „geistigen Mütterlichkeit" eine übergeordnete politisch wirksame Rolle einnehmen konnten, in der sie befähigt wurden, auf gesellschaftliche Missstände aufmerksam zu machen. Dabei konzentrierten sich die Reformer*innen und die Institutionen besonders auf die Arbeit mit den Gewerkschaften, auf die Lokalpolitik und auf die Bekämpfung der Korruption. Aus der Erkenntnis heraus, dass sich der politische Einfluss effektivieren könnte, wenn sich die einzelnen Institution und Interessenverbände miteinander verbinden, entstanden verschiedene Zusammenschlüsse zwischen den Settler*innen. Auf diese Weise gründeten sich beispielsweise die „Chicago Federation of Settlements" 1894, welche durch den Zusammenschluss der Chicago-Settlement-Häuser ihren Einfluss auf die Kommunalpolitik zu erweitern und die „Federation of Settlements" (NFS) 1911, die sich mit Addams als Gründungsmitglied unter anderem für die Rechte der Einwanderer einsetzten und sich gegen eine „Amerikanisierung" positionierten. (vgl. Eberhart 1995: 67; Braches-Chyrek 2013: 133, Landhäußer 2009: 104)

Addams und ihre Freundin Ellen Gates Starr ließen dem Schwerpunkt der Kunst ebenfalls einen hohen Stellenwert beimessen, genauso wie die generelle progressive Bewegung, indem sie Kreativität und Ästhetik soweit etablieren wollten, damit sie keiner Bevölkerungsschicht vorenthalten blieben. Geboten wurde ein wöchentliches Programm, das beispielsweise jeden Sonntag ein Konzert und ein semiprofessionelles Theater beinhaltete. Ellen Gates Starr zeichnete sich durch ihr Mitwirken als „Resident" vor allem in diesem künstlerischen Bereich aus (vgl. Eberhart 1995: 68,72).

Nicht nur die aufgeführten Tätigkeitsbereiche prägten die Konzeption des Hull House, es waren vor allem die wissenschaftlichen und schriftlich dokumentierten Erkenntnisse von Addams und ihrer Mitarbeiter, welche die sozialpolitischen und sozialpädagogischen Grundannahmen der amerikanischen Gesellschaft zum Teil bis heute geprägt haben. Zumal die verschieden Persönlichkeiten der Residents einen erheblichen Einfluss auf die Neigung der Bedürfnisorientierung des Hull House ausübte. So war es hauptsächlich Florence Kelley, die das Hull House zu einer politisch linksorientierten Einrichtung formierte oder Breckinridge und Abbott, die Verbindungen zwischen Hull House und Universität herstellen konnten (Eberhart 1995: 71, 72, 75). Nicht zuletzt sollten dementsprechend empirische Untersuchungen als Grundlage dienen, politische Maßnahmen einzuleiten:

> „Hull House soll ein Zentrum für das höhere Gemeinde- und Gesellschaftsleben sein, pädagogische und philantrophische Unternehmungen einrichten und unterhalten und die Zustände in den Industriegebieten Chicagos untersuchen und verbessern" (Kelley 1986: 75 z.n. Eberhart 1995: 77).

Derartig wissenschaftliche Projekte waren zum Beispiel die Untersuchung durch Addams und Kelleys des „sweating Systems", welches die schlechten Arbeitsbedingungen darstellte, oder Abbotts Erforschungen über die Ressourcen des Chicagoer Arbeitsamtes. Die erste und umfangreichste Studie dieser Art wurde 1895 als eine Aufsatzsammlung namens „Hull-House Maps and Papers" veröffentlicht (vgl. Eberhart 1995:77f.). Diese soziologische Studie war die Weiterführung der Arbeit von Kelley für das U.S. Department of Labour Statistics und enthielt die Untersuchungen der Lebensbedingungen der Nachbarschaft in einem Zeitraum von 1892 bis 1894, durchgeführt von den Residents des Hull House. Durch farbige Karten wurde die Bevölkerungsstruktur in nationale Gruppen , Einkommen, Berufszugehörigkeit und Beschaffenheit der Haushalte kategorisiert. Diese Kategorienbildung wurden zu allgemein gültigen Aussagen verdichtet und stellte somit einer der ersten Chicagoer Forschung dieser Art dar (vgl. Braches-Chyrek 2013: 139). Laut Deegan waren „die Eintragungen von demographischen Informationen auf einen Stadtplan als eine Innovation der Chicagoer Soziologie bekannt" (Eberhart 1995: 78). Die Datenerfassung blieb nicht wertfrei, sondern diente der Entwicklung von Konzepten, die Antworten auf die „soziale Frage" lieferten und die sozialwissenschaftliche Forschung mit der politischen Einflussnahme verbanden. Die wissenschaftlichen Arbeiten erforderten die Zusammenarbeit mit universitären Institution und spiegelten damit die sich für den Progressivismus auszeichnende , bereits erläuterte Verbindung zwischen praktisch ausführenden und theoretisch forschenden Einrichtungen wieder (vgl. Eberhart 1995: 79; Braches-Chyrek 2013: 139; Kapitel 3.3).

Der Aufbau dieser bisher erläuterten Konzepte des Hull House bedurfte einer anfänglichem Motivation, welche Addams in drei Punkten zusammenfasst. Es ging zum Einen darum die Demokratie auf soziale Weise zu interpretieren, indem das Ideal des gesellschaftlichen Miteinanders die Demokratie prägt. Zweitens war es die ursprüngliche Motivation, die nach Addams bei der Weiterentwicklung des menschlichen Lebens und in diesem Zuge auch bei der Weiterentwicklung der Menschlichkeit eine helfende Rolle übernehmen kann. In diesem Sinne geht es hierbei primär darum Anderen zu helfen. Zuletzt beschreibt sie die Parallelen, die sie durch einen äquivalenten Humanitarismus zwischen der Progressiven-Bewegung und dem frühen Christentums erkannte, die sie als Motiv für Gründung des Settlement angegeben hat (vgl. Chochran 2016: 748). Drei Jahre später distanzierte sie sich jedoch durch die Kundgebung ihrer - aus dem Streben nach Anerkennung und persönlichen Erfolg ergebenden - Motivation ein Settlement zu errichten und hatte „den Kapitalismus als Grund für die Armut erkannt und die Verelendungsmechanismen , vermittelt durch angeborene soziale Stellung und nicht allgemein zugängliche Bildung identifiziert" (Eberhart 1995: 83). Während sich Addams philosophische Einstellung über die Jahre offensichtlich veränderte blieb die Funktion des Settlement konstant, indem es „Männer und Frauen, die sonst draußen gelassen worden wären , in den Kreis des erfüllten Lebens" bringen sollte (Addams 1930: 404 z.n. Eberhart 1995: 83).

4.1.3   Entwicklung von Hull House nach Addams Tod

Nachdem sich das Hull-House-Projekt, das mit Addams in der Hull Villa begann, bis 1907 zu einem Gebäude Komplex ausweitete, welcher 13 Gebäude umfasste und damit die zweitgrößte Einrichtung Chicagos zur damaligen Zeit darstellte, ging es nach Addams Tod 1935 in den Besitz der Stadt Chicago über (vgl. Eberhart 1995: 71, 86). Die Sanierung des umliegenden Stadtbezirks wurde zwar angeordnet, dennoch wurde der Bezirk später an den Staat Illinois verkauft, bis es 1963 zum Abriss des Hull-House Komplexes einschließlich der umliegenden Häuser kam. Nur die Hull Villa blieb stehen und wurde restauriert (vgl. Eberhart 1995: 86). Ob es sich mit der Intention Addams, eine geeignete Nachbarschaftsarbeit aufzubauen, in der Weiterentwicklung genauso verhielt, wie mit dem aufgebauten Gebäudekomplex , soll in den abschließenden Kapiteln analysiert werden.

Die Hull-House-Arbeit sollte 1962 unter dem Namen „Hull-House Association" weitergeführt werden. Die durch Gemeindezentren ersetzten Settlements bestanden aus sechs verschiedenen Nachbarschaftszentren und 14 Außenstellen. Die Association beschreibt ihre Arbeit folgendermaßen:

> „Hull House Association widmet sich Jane Addams´ Prinzip, Menschen zu helfen, ihr eigenes Leben zu verbessern und lebenswerter zu gestalten. Hull House Association entwickelt und liefert Dienste als Antwort auf die Bedürfnisse einer Gemeinde. Zusätzlich tritt Hull House ein, für eine Politik, die Ursachen von sozialen Problemen zu beseitigen sucht" (Hull House Association Broschüre 1983: o.A. z.n. Eberhart 1995: 86).

Die angebotenen Tätigkeitsbereiche der Gemeindezentren zeichnen sich, wie auch bei Addams, durch ihre Vielfältigkeit aus. Die Kinder- und Jugendarbeit bestand unter Anderem durch das Einrichten von Kindergärten, Horten und Beratungsmöglichkeiten für jugendliche Straftäter. Die Aktivitäten im Bereich der Soziarbeit mit Immigranten blieben genauso wie die Unterstützung von ethnischen Gruppen ein wesentlicher Teil der Association. Des weiteren lassen sich Ähnlichkeiten in der wissenschaftlichen Forschung feststellen, die sich beispielsweise in den Untersuchungen über die Auswirkungen der Arbeitslosigkeit auf die Stahlarbeiter widerspiegeln, und sollten, wie auch bei Addams, politische Maßnahmen einleiten. Zudem erstellte die Association einige Projekte zur Selbsthilfe und forcierte teilweise auch frauenbezogene Aktivitäten (vgl. Eberhart 1995: 87f.).

Nach eigener Aussage begreift sich die Association als eine Institution, die sich Jane Addams´ Prinzipien widmet, indem sie Menschen versuchen zu helfen. Sowohl die Tätigkeitsbereiche der Kinder und Jugendarbeit, als auch die Selbsthilfeprojekte und die frauenbezogenen Aktivitäten, sowie die wissenschaftlichen Untersuchungen hätte Addams nach der Beschreibung von Eberhart begrüßt. Außerdem hätte sie sich auch mit der Tatsache identifizieren können, das sich die einzelnen Tätigkeitsbereiche an den Interessen der Mittelschicht orientierte. Allerdings deutet Eberhart die neuen Vorstellungen der heutigen Hull-House Association nicht äquivalent zu den Intentionen Addams´, was sich insbesondere durch die angewandte Radikalität begründet. Zwar wird in Ansätzen versucht einen politischen Einfluss zu erzeugen, dennoch gleicht es nicht dem Niveau der radikalen reformistischen Bewegung in der „progressive Era". Darüber hinaus werden einige der angebotenen Aktivitäten individuell konzipiert, wovon sich Addams distanzierte (vgl. Eberhart 1995: 88).

Jane Addams charakterisierte sich in ihrer Arbeit vor allem als sozialreformistisch. Mit der Kategorisierung ihrer Person sowohl als Soziologin, als auch als Sozialarbeiterin ging sie nur konform, solange sich diese Beiden, zu ihrer Zeit, neuen Wissenschaften auch mit sozialen Reformen befassten. Die Entwicklung der Sozialarbeit ging jedoch, während ihrer Wirkungszeit im Settlement, in eine andere Richtung, was Addams nicht nur bedauerte, sondern auch kritisierte. Die zunehmende Professionalisierung auf der sozialarbeiterischen Ebene des sogenannten „Casework" (individualisierter Ansatz der Sozialarbeit) und der rein theoretische Ansatz der damaligen Soziologen konnte nach Addams nicht die Beseitigung der sozioökonomischen Ursachen der Armut erzielen. Das Streben nach gesellschaftlichen Veränderungen hatte für Addams stets oberste Priorität, dementsprechend distanzierte sie sich von der vorangeschriebenen Einordnung und bediente sich lediglich an den Methoden der Wissenschaft, der Sozialarbeit und der Parteipolitik, um ebendiese Veränderungen auf politischer Ebene durchzusetzen (vgl. Eberhart 1995: 139, 143).

4.2 Entstehung einer professionalisierten Gemeinwesenarbeit

Die im vorherigen Kapitel analysierte, weitere Entwicklung des Hull House zeigte, dass sich Addams Vorstellungen einer am Gemeinwesen orientierten, sozialen Arbeit nur teilweise in der Weiterführung als Hull House Association widerspiegeln konnte. Folglich ließen sich im speziellen Fall des Hull House deutliche Veränderungen ableiten, die sich durch die Etablierung einer individualisierten Sozialarbeit und der wertfreien, analytischen Soziologie bedingten. Zuletzt stellt sich daher die Frage, wie es sich in der weiteren Entwicklung der generellen Settlement-Arbeit verhielt, um im abschließenden Resümee auf den Bezug zu ihrem Einfluss auf die Sozialarbeit vollständig eingehen zu können (vgl. Kapitel 4.1.3).

Die im Kapitel 4. beschriebene Grundannahme eines Settlements nach den Vorstellungen Addams bestand im Wesentlichen darin, dass die Abhängigkeit der Klassen eine Gegenseitige sei. Daraus ergibt sich die grundlegende Konzeption eines Settlements, indem der Austausch zwischen der Nachbarschaft und den Bewohner*innen eines Settlements eine Hilfe erzielt, die sich den Bedürfnissen der Nachbarschaft anpasst und damit zu einer allgemeinen Verbesserung ihrer Lebensumstände führt (vgl Kapitel 4., Kapitel 4.1.2). Die Professionalisierung der sozialen Arbeit begann allerdings schon während Addams und ihre Residents im Hull House dieses Konzept verwirklichten, und übte schon zu dieser Zeit einen erheblichen Einfluss auf deren Arbeit aus. Lange bevor Addams 1909 zur Vorsitzenden der „National Conference of Social Work" gewählt wurde, verstanden sich bereits die Settlement-Bewohner*innen als Sozialarbeiter. Durch die Einführung einer akademischen Sozialarbeiter*innenausbildung und die stete Verbindung zwischen den Hochschulen und den Settlement-Häusern wurden die Settlement-Arbeit endgültig professionalisiert. Die Professionalisierung bewirkte neben dem steigenden Interesse an einem sozialen Beruf für Männer, und in diesem Zuge eine geschlechtliche Umpolung der Führungspositionen in den Settlements (die Zahl der Leiter*innen von Settlements sank von 1910 bis 1973 von Zweidrittel auf 29 %) auch inhaltliche Veränderungen in der Konzeption. Der Anfangs beschriebene Austausch bestand fortan nicht mehr zwischen „Nachbarn", sondern definierte sich über eine Beziehung zwischen den Hilfesuchend*innen und den Expert*innen, die nicht nur eine Klientelisierung in der sozialen Arbeit einleiteten, sondern darüber hinaus den psychischen und räumlichen Abstand in dieser neuen Beziehungsform als notwendig erachteten. Demzufolge bestand eine wesentliche Veränderung der professionalisierten Gemeinwesenarbeit darin, dass die helfenden Expert*innen nicht mehr in den Settlements wohnten. Zudem waren es nicht nur, wie in Kapitel 4.1.3 erläutert, die Sozialarbeiter*innen der Einzelfallhilfe, die sich zunehmend von der Idee einer bestehenden Notwendigkeit des politischen Einflusses auf die Sozialarbeit distanzierten. Durch die Professionalisierung der Settlement-Arbeit sank auch in dieser das Niveau des politischen Engagements (vgl. Eberhart 1995: 83f.; Steffens 2019: 77; Kapitel 4.1.3).

Die Namensänderung der „National Federation of Settlements" beschreibt den Übergang zu einer veränderten und professionalisierten Gemeinwesenarbeit sehr treffend, indem sie bereits 1949 um den Zusatz „And Neighbourhoods Centers" erweitert wurde und sich 1979 nur noch auf diesen beschränkte: „United Neighbourhood Centers of America" (Eberhart 1995: 84). Die gänzliche Auflösung der Settlements wurde von da an nicht nur inhaltlich, sondern auch symbolisch besiegelt. Die Gemeinwesenarbeit existiert, wenn auch in abgeänderter Form, und nur teilweise den Vorstellungen Addams´ entsprechend, dennoch weiterhin, wie es auch am Beispiel der seit 1962 bestehenden Hull House Association im Kapitel 4.2.3 verdeutlicht wurde (vgl. Kapitel 4.2.3). Der Vergleich mit dem abgerissenen Gebäudekomplex des Hull House erscheint an dieser Stelle treffend, da auch in diesem Fall nur die Hull Villa stehen gelassen wurde, die durch Renovierungen, nicht mehr das repräsentierte, was sie einst war.

5. Resümee

Angesicht des kurzen und etwas oberflächlichen Einblicks, in Addams` Intention eine soziale Arbeit aufzubauen, die nicht nur darauf forciert war dem Menschen als einzelnes Individuum an sich zu helfen, sondern darüber hinaus durch den regen Austausch zwischen den „Nachbarn" einen auf Erfahrung basierten und bedürfnisorientieren Ansatz zu entwickeln, der unter der Anwendung von wissenschaftlichen Methoden und in diesem Zuge mit der intelligenten Verknüpfung von Forschung und praktischer sozialer Arbeit zur Einleitung politischer Maßnahmen führen sollte, um die Lebensbedingungen der vielen Menschen zu verbessern, die dem Kapitalismus zum Opfer wurden.

Die dabei angewandte, bemerkenswerte Radikalität, die der progressiven Bewegung entsprang, zeichnete einige der amerikanischen Settlements aus und wurde insbesondere durch die Hull-House-Arbeit von Addams´ und ihren Residents repräsentiert. Obwohl sich bereits während Addams´ Lebenszeit die derzeitig junge Wissenschaft der Soziologie, als rein objektiv analytische und wertfreie Wissenschaft verstand und sich die Sozialarbeit, vor allem im Bezug auf das „Casework", zunächst professionalisierte und sich zunehmend von einem politischen Engagement abkoppelte, hielt Addams, wie auch einige ihrer Residents, an ihrem Standpunkt fest und kritisierte insofern das systemerhaltende Vorgehen, welches sich durch die Professionalisierung widerspiegelte.

Unter diesem Vorbehalt ergeben sich bei der Untersuchung des Einflusses Addams auf die heutige Sozialarbeit zwei wesentliche Rückschlüsse. Nach ihrer Auffassung, welche Positionen eine Sozialarbeiter*in einnehmen sollte würde sich Addams weniger in der weiterführenden professionalisierten Gemeinwesenarbeit, sondern viel mehr in der niedrigschwelligen Sozialarbeit wiederfinden, da sie sich von der Sinnhaftigkeit einer Klientelisierung distanzierte und die Bedürfnisse der Nachbarschaft als oberste Priorität in ihrer Settlement-Arbeit erachtete. Andererseits unterstützten die wissenschaftlichen Erkenntnisse von der Hull-House-Arbeit, welche sich unter anderem in der sozialwissenschaftlichen Studie „Hull House Maps and Papers" wiederspiegelte, das professionalisierte Vorgehen der Soziologie. Außerdem orientierte sich auch die weiterführende Gemeinwesenarbeit unter dem Namen „United Neighborhood Centers of America" an der vielfältigen und innovativen Konzeption der Hull-House-Arbeit. Insofern bestand nicht nur ein wesentlicher Einfluss für die von Addams unerwünschte Professionalisierung der sozialen Arbeit, sondern erbrachte sogar unterstützende Impulse für ihre Entfaltung.

Zusammengefasst hat sie dementsprechend durch ihr Wirken im Hull House einen beachtlichen Teil für erläuterte Bereiche der sozialen Arbeit beigetragen und sorgte für die Durchsetzungen vielzähliger Reformen, die sich pädagogischen, sozialpolitischen und wissenschaftlichen Diskursen widmeten.

6. Literaturverzeichnis

Addams, Jane (2012): Twenty Years at Hull House; with autobiographical notes. Hamburg: Tredition.

Braches-Chyrek, Rita (2013): Jane Addams, Mary Richmond und Alice Salomon. Professionalisierung und Disziplinbildung sozialer Arbeit. Opladen, Berlin, Toronto: Verlag Barbara Budrich. Online verfügbar unter http://gbv.eblib.com/patron/FullRecord.aspx?p=4612302.

Cochran, Molly (2016): Jane Addams und ihre internationale Ethik eines sozialen Radikalismus: globale Gerechtigkeit als realistische Utopie. In: *Deutsche Zeitschrift für Philosophie* 64 (5), S. 1. DOI: 10.1515/dzph-2016-0055.

Landhäußer; Sandra (2009): Das communityorientierte Vorgehen der "Settlerinnen" von "Hull-House": Soziales Kapital und Perspektiven auf die Professionalisierung Sozialer Arbeit.

Pinhard, Inga (2009): Jane Addams: Pragmatismus und Sozialreform: pädagogische Theorie und Praxis der Progressive Era. Zugl.: Frankfurt (Main), Univ., Diss., 2007. 1. Aufl. Opladen: Budrich UniPress. Online verfügbar unter http://www.socialnet.de/rezensionen/isbn.php?isbn=978-3-940755-24-7.

Robert Götze (2005): Die Settlement-Bewegung. Online verfügbar unter http://www.stadtteilarbeit.de/themen/theorie-stadtteilarbeit/lp-stadtteilarbeit/76-settlement-bewegung-lp.html, zuletzt geprüft am 07.03.2019.

Staub-Bernasconi, Silvia (2016): Jane Addams (1860–1935) als Begründerin einer „kritischen Sozialen Arbeit". In: *Soz Passagen* 8 (2), S. 405–418. DOI: 10.1007/s12592-016-0242-1.

Steffens, Birgit (2019): Lernraumgestaltung durch soziales Handeln. Das Chicagoer Hull House von Jane Addams. In: *Magazin erwachsenenbildung.at*, S. 72–77.